BEI GRIN MACHT SICH IHR
WISSEN BEZAHLT

AF167219

- Wir veröffentlichen Ihre Hausarbeit,
  Bachelor- und Masterarbeit

- Ihr eigenes eBook und Buch -
  weltweit in allen wichtigen Shops

- Verdienen Sie an jedem Verkauf

Jetzt bei www.GRIN.com hochladen
und kostenlos publizieren

Der Aufstieg der Online-Lieferdienste und der Rhythmus des städtischen Raumes

Sebastian Just

Bibliografische Information der Deutschen Nationalbibliothek:

Die Deutsche Nationalbibliothek verzeichnet diese Publikation in der Deutschen Nationalbibliografie; detaillierte bibliografische Daten sind im Internet über http://dnb.d-nb.de abrufbar.

ISBN: 9783346815491
Dieses Buch ist auch als E-Book erhältlich.

Druck und Bindung: Books on Demand GmbH, Norderstedt Germany
Gedruckt auf säurefreiem Papier aus verantwortungsvollen Quellen

Das vorliegende Werk wurde sorgfältig erarbeitet. Dennoch übernehmen Autoren und Verlag für die Richtigkeit von Angaben, Hinweisen, Links und Ratschlägen sowie eventuelle Druckfehler keine Haftung.

Das Buch bei GRIN: https://www.grin.com/document/1328614

Humboldt-Universität zu Berlin

Institut für Musikwissenschaft und Medienwissenschaft

Modul 4: Mediendramaturgie und Medienästhetik

Medien der Logistik

Sommersemester 2022

Der Aufstieg der Online-Lieferdienste und der Rhythmus des städtischen Raumes

Sebastian Just

Masterstudiengang Medienwissenschaft

2. Semester

Abgabedatum: 17. November 2022

Inhalt

1. Einleitung

„*Stadt* ist immer etwas, das passiert"[1] – diese von Florentina Hausknotz in der Einleitung zu ihrem Buch *Stadt denken* aufgestellte Behauptung verdeutlicht: Der städtische Raum lässt sich nicht durch seine Bebauung oder Verortung beschreiben, sondern durch seine Dynamik, welche jeden Tag aufs Neue durch das Zusammenspiel aus Mensch, Architektur, Natur und (digitaler) Technik konstituiert wird. Das urbane Netz aus sich gegenseitig beeinflussenden Strukturen lässt einen Rhythmus entstehen, in dessen Takt die Stadt durch den „Tanz aller ihrer Teile"[2] alltäglich ihre Dynamik entfaltet. Assoziationen der Stadt mit Rhythmus, aber auch mit Tanz und Choreografie, wurden sowohl in der Wissenschaft als auch in der Kultur bereits öfter aufgegriffen. So behandelte beispielsweise die 2011 von dem Produzententeam Strg K veranstaltete Gruppenausstellung „Berlin – Choreografie einer Stadt" den städtischen Raum als Bühne, auf der sich täglich eine Choreografie aus Bewegungen und Geräuschen abspielt. Derartige Auffassungen von dem Konzept der Choreografie, die weit über den eigentlichen Tanz hinausgehen, indem sie nicht nur die Bewegungen menschlicher Körper, sondern auch nichtmenschlicher Objekte berücksichtigen, lassen sich der *expanded choreography* zuordnen – einer Bewegung, die im Rahmen der gleichnamigen Konferenz des schwedischen Choreografen Mårten Spångberg wie folgt beschrieben wird:

> „[C]horeography is [...] turning away from established notions of dance with its strong association with skill and craft, to instead establish autonomous discourses that override causalities between conceptualization, production, expression, and representation."[3]

Dass sich die Idee der urbanen Choreografie nicht nur auf die schwarmartigen Bewegungen der Stadtmenschen, sondern auch auf raumzeitliche ökonomische Prozesse anwenden lässt, zeigt das Konzept der *choreologistics* von Moritz Frischkorn. Die Logistik stellt für ihn eine riesige, unüberschaubare ökonomische Choreografie dar, dessen ewiges Ziel darin besteht, dass Waren und Personen zur richtigen Zeit am richtigen Ort ankommen – oder vielmehr, dass der kapitalistische Tanz reibungslos über die Bühne geht.[4] Das von Frischkorn im Jahr 2017 ins Leben gerufene Konzept kann als Phäno-

---

[1] Hausknotz, Florentina: *Stadt denken. Über die Praxis der Freiheit im urbanen Zeitalter*, Bielefeld: Transcript 2011, S. 11.

[2] Perez, Victoria: „Die choreografierte Stadt in der filmisch manipulierten Bewegung", in: *Tanz, Metropole, Provinz*, hrsg. v. Yvonne Hardt und Kirsten Maar, Hamburg: Lit 2007, S. 214.

[3] Zitiert aus einer Mitteilung zur Konferenz. „Expanded Choreography", in: *e-flux*, 14.03.2012, https://www.e-flux.com/announcements/34425/expanded-choreography/, abgerufen am 13.08.2022.

[4] Frischkorn, Moritz: „What is Choreologistics?", in: *Choreologistics*, 24.04.2017, https://choreologistics.com/2017/04/24/what-is-choreologistics-1/, abgerufen am 17.08.2022.

men des *logistical turns* betrachtet werden, welcher in den vergangenen Jahrzehnten dafür sorgte, dass die wissenschaftliche Forschung der Logistik eine neue, einflussreichere Bedeutung für die Gesellschaft zuschrieb.

Eine Branche, welche die logistische Choreografie im städtischen Raum seit einigen Jahren maßgeblich beeinflusst, ist die der Online-Lieferdienste. Auch wenn sich die Logistik dieser Anbieter, die ihren Service ausschließlich online anbieten und die bestellten Waren innerhalb kürzester Zeit zustellen, auf die sogenannte *last-mile-delivery* beschränkt, übt sie einen wesentlichen Einfluss auf den Rhythmus der Stadt aus.

Ziel dieser Arbeit ist es, zu untersuchen, inwiefern der Rhythmus des städtischen Raumes durch den Aufstieg der Online-Lieferdienste – und die mit ihm verbundenen neuen logistischen Choreografien – beeinflusst wird. Dazu soll die Stadt zunächst als Ort zyklischer und linearer Rhythmen betrachtet werden, in welchem die Bewegungen der Menschen Parallelen zum Tanz und zur Choreografie aufweisen. Anschließend wird die Online-Lieferbranche mit Clare Lysters Konzept der *storage flows* sowie mit Moritz Frischkorns Konzept der *choreologistics* in Beziehung gesetzt, wobei der Fokus auf dem Zusammenspiel aus (Echtzeit-)Logistik und städtischem Rhythmus liegen soll. Ferner wird anhand des Aufstiegs der Online-Lieferdienste untersucht, inwieweit die Mediatisierung der städtischen Rhythmen die Logistik – und damit das Leben – in der Stadt verändert hat und verändern wird.

2. Der Rhythmus der Stadt

Assoziationen urbaner Dynamik mit Rhythmus liegen bereits aus etymologischer Perspektive nahe; so lässt sich der Begriff des Rhythmus auf die griechischen Wörter *rhythmós* („gleichmäßige, taktmäßige Bewegung", „das Strömen") und *rheīn* („fließen", „strömen") zurückführen. Laut dem französischen Soziologen Henri Lefebvre liegt die Relevanz des Rhythmusbegriffs zudem darin, zu betonen, dass Raum nicht ohne Zeit begriffen werden kann. Im Rahmen seiner Rhythmusanalyse schreibt er: „[A]ll rhythms imply the relation of a time to a space, a localised time, or, if one prefers, a temporalised space."[5] Die raumzeitliche Dynamik der Stadt setzt sich in seiner Theorie aus zyklischen und linearen Rhythmen zusammen. Zyklische Rhythmen, wie zum Beispiel die

---

[5] Lefebvre, Henri und Catherine Régulier: „Attempt at the Rhythmanalysis of Mediterranean Cities", in: *Rhythmanalysis: Space, Time and Everyday Life*, übers. und hrsg. v. Stuart Elden und Gerald Moore, London: Continuum 2004, S. 89.

Dämmerung, stellen natürliche, nicht sozial verhandelbare und immer wieder neuartige Wiederholungen dar. Lineare Rhythmen – beispielsweise der ÖPNV – sind hingegen technisch oder politisch geplante, feste Wiederholungen.[6] Lefebvre kritisiert in seiner Analyse die zunehmende Dominanz der linearen Rhythmen – eine Folge der Ausrichtung aller menschlichen Lebensbereiche auf ökonomische Produktivität: „All the conditions come together […] for a perfect domination, for a refined exploitation of people as producers, consumers of products, consumers of space."[7]

In ihrem Zusammenspiel beeinflussen natürliche und menschengemachte Rhythmen das Leben der Stadtmenschen in soziologischer, emotionaler, politischer und kultureller Hinsicht. Ein elementarer Bestandteil der Choreografie, die sich im Rhythmus der Stadt alltäglich abspielt, sind die Bewegungen der Menschen – sowohl im öffentlichen als auch im privaten Raum. Ihre Besonderheit liegt darin, dass sie zugleich individueller und kollektiver Natur sind; so agiert jeder Mensch in der Stadt für sich, zu mehr oder weniger der gleichen Zeit, ohne zu wissen, dass er dabei nicht der Einzige ist. Wie der Anthropologe Edward T. Hall feststellt, ist der Tanz – und mit ihm auch die Choreografie – eng verknüpft mit den Bewegungen der Metropole. In seinem Buch *Beyond Culture* schreibt er diesbezüglich:

> „People in interactions either move together (in whole or in part) or they don't and in failing to do so are disruptive to others around them. Basically, people in interaction move together in a kind of dance, but they are not aware of their synchronous movement and they do it without music or conscious orchestration."[8]

Die wohl elementarste und wichtigste Form der menschlichen Bewegung in der Stadt ist das Gehen. So spricht die Soziologie von der „cultural significance of being on foot"[9] sowie von der Bedeutung des Gehens als Mittel zur sensorischen Wahrnehmung und zum sozialen Kontakt. Sei es der Gang zum Supermarkt oder das Flanieren durch die Einkaufsmeile, durch sein Gehen und die damit verbundene „unauffällige Kreativität"[10] gestaltet der Mensch den von ihm genutzten urbanen Raum. Erweitert wird die Bewegung zu Fuß durch „technische Prothesen"[11] wie Autos, Fahrräder, S- und U-Bahnen,

---

[6] Zu linearen und zyklischen Rhythmen siehe Lefebvre und Régulier 2004, S. 90.

[7] Lefebvre, Henri: *Writings on Cities*, übers. v. Eleonore Kofman und Elizabeth Lebas, Oxford: Blackwell 1996, S. 85.

[8] Hall, Edward T.: *Beyond Culture*, New York: Doubleday 1976, S. 71.

[9] Demerath, Loren und David Levinger: „The Social Qualities of Being on Foot: A Theoretical Analysis of Pedestrian Activity, Community, and Culture", in: *City & Community*, Band 2, Heft 3 (2003), S. 217, https://journals.sagepub.com/doi/10.1111/1540-6040.00052, abgerufen am 22.08.2022.

[10] Certeau, Michel de: *Kunst des Handelns*, übers. v. Ronald Voullié, Berlin: Merve 1988, S. 186.

[11] Virilio, Paul: *Fahren, fahren, fahren…*, übers. v. Ulrich Raulff, Berlin: Merve 1978, S. 37.

aber auch Aufzüge und Rolltreppen, welche dem Beschleunigen oder Abbremsen der Aktivität des Körpers dienen. Diese mannigfaltigen Bewegungsabläufe des städtischen Raumes, welche Menschen an einer Stelle eng zusammenführen und an anderer wieder auseinandertreiben, fügen sich zu einer urbanen Choreografie zusammen. Der Akt des Gehens ist jedoch hervorzuheben, da nur durch ihn eine wirklich Verbindung des Menschen mit dem raumzeitlichen Rhythmus der Stadt zustande kommt:

> „On foot, the body participates in place's temporal patterns of activity and it is an agent in processes of repetitive change in urban places. Rhythms of body and city emerge through the experience of walking."[12]

Beim Gehen im öffentlichen Raum ist es dem Menschen möglich, die urbane Atmosphäre in vollem Umfang einzufangen. So ist das Konzept des *sensory urbanism* – welches besagt, dass die Stadt nicht nur gesehen, sondern auch gehört, gefühlt und gerochen werden muss – eng mit dem Fußgänger verbunden. Darüber hinaus stellte der Philosoph Georg Simmel bereits Anfang des 20. Jahrhunderts fest, dass die Bewegung innerhalb der Großstadt zu einer „*Steigerung des Nervenlebens* [führt], die aus dem raschen und ununterbrochenen Wechsel äußerer und innerer Eindrücke hervorgeht."[13]

Insgesamt stellt der Verkehrssektor – welcher aufgrund seiner emanzipatorischen Fähigkeiten als „greatest democratic mechanism within the city"[14] beschrieben werden kann – den grundlegenden Bestandteil des urbanen Rhythmus dar. Die Choreografie der Stadt wird vor allem durch die Straße stetig vorwärts getrieben: Da man seine Geschwindigkeit nach anderen richten muss, kann man sich dem Fluss der Bewegung nur schwer entziehen.[15] Die Bewegung ist die „Ideologie der Stadt"[16] – und das Hauptmerkmal der Choreografie, die im urbanen Rhythmus über die Bühne geht.

---

[12] Matos, Filipa: „Walking & Rhythmicity: Sensing Urban Space", Konferenzpapier im Rahmen der *6th International Conference on Walking in the 21st Century*, Zürich, 22.-23.09.2005, S. 1, https://citeseerx.ist.psu.edu/viewdoc/download?doi=10.1.1.580.8526&rep=rep1&type=pdf, abgerufen am 22.08.2022.

[13] Simmel, Georg: *Die Großstädte und das Geistesleben*, Frankfurt am Main: Suhrkamp 2006, S. 9.

[14] Gregory-Jones, Luke: „Dancing in the Streets: How choreography and engineering can help urban mobility", in: *Theatrum Mundi*, 14.08.2018, https://theatrum-mundi.org/library/dancing-in-the-streets/, abgerufen am 24.08.2022.

[15] Bollnow, Otto Friedrich: *Mensch und Raum*, 6. Auflage, Stuttgart: Kohlhammer 1990 [1963], S. 106.

[16] Rolshoven, Johanna: „Übergänge und Zwischenräume. Eine Phänomenologie von Stadtraum und ‚sozialer Bewegung'", in: *Kulturwissenschaftliche Stadtforschung: Eine Bestandsaufnahme*, hrsg. v. Waltraud Kokot, Thomas Hengartner und Kathrin Wildner, Berlin: Dietrich Reimer 2000, S. 118.

3. Logistische Choreografien

Wie die Architektin Clare Lyster in ihrem Buch *Learning from Logistics* feststellt, haben neuartige Raum-Zeit-Netzwerke das urbane Leben in den letzten 50 Jahren grundlegend verändert.[17] Die moderne Logistik wird von der Fantasie einer reibungslosen, fließenden Zirkulation von Materialien, Produkten, Informationen und Menschen angetrieben – einer Idee, die Lyster als *storage flow* bezeichnet. Das Ziel dieser im Zeichen des Kapitalismus stehenden Vorstellung ist es, die Menschen durch die Verringerung des Spalts zwischen Angebot und Verbrauch zu einem erhöhten Konsumverhalten zu animieren.[18]

Um profitable *storage flows* zu orchestrieren, indem beispielsweise die Lagerung so dynamisch und effizient wie nur möglich gestaltet wird, organisieren sich Logistikanbieter in choreografieähnlichen Prozessen. Der Schwerpunkt der Logistikbranche hat sich im Zuge dessen von der Komponente des Raumes zu der der Zeit verschoben; nichts darf stillstehen, alles muss stetig fließen. Die Choreografie steht dabei laut Moritz Frischkorn für die „organizational faculty that needs to be in place for an almost infinite number of processes and movements"[19], welche in der heutigen Logistik anfallen. Mit seinem Konzept der *choreologistics* verdeutlicht Frischkorn darüber hinaus, wie im Rahmen der *storage flows* alle ökonomischen Prozesse auf einer zeitkritischen Ebene miteinander verbunden sind. Der Zusammenhang zwischen Logistik und Choreografie wurde auch bereits von Logistikunternehmen selbst aufgegriffen: 2019 veröffentlichte beispielsweise die Lufthansa Technik Logistik Services ein Recruiting-Video mit dem Titel „We Like To Move It", in dem Mitarbeiter Logistikabläufe tänzerisch darstellen. Dabei wird deutlich, dass – ähnlich wie bei einem Tanz – alle logistischen Schritte zeitlich aufeinander abgestimmt sein müssen, damit statische Lagerzeiten durch dynamische *storage flows* ersetzt werden können.

Eine fließende Logistik ist vor allem bei den sogenannten Echtzeitunternehmen von Bedeutung, welche Produkte genau zum Zeitpunkt der individuellen Nachfrage produzieren und vertreiben. Hier steht die Reaktionsfähigkeit im Mittelpunkt; das heißt, Auf-

---

[17] Lyster, Clare: *Learning from Logistics: How Networks Change Our Cities*, Basel: Birkhäuser 2016, S. 3.

[18] Lyster, Clare: „Storage Flows: Logistics as Urban Choreography", in: *Harvard Design Magazine*, Heft 43 (2016), https://www.harvarddesignmagazine.org/issues/43/storage-flows-logistics-as-urban-choreography, abgerufen am 27.09.2022.

[19] Frischkorn, Moritz: „Expanded Choreography between Logistics and Entanglement", in: *Tanz der Dinge/Things that dance*, hrsg. v. Johannes Birringer und Josephine Fenger, Bielefeld: Transcript 2019, S. 122.

träge werden nicht früher oder später als genau in dem Moment erfüllt, in dem sie auch benötigt werden. Eine Branche im Bereich der Echtzeitunternehmen, die in den vergangenen Jahren vor allem in Großstädten zunehmende Verbreitung fand, ist die der Online-Lieferdienste. Diese agieren meistens im Rahmen der *gig economy*, bei welcher kleine Aufträge – üblicherweise über eine Online-Plattform – an unabhängige Freiberufler vermittelt werden, die oft auch eigene Ressourcen wie ihr Fahrzeug oder Mobiltelefon in den Job mit einbringen.[20] Der Großteil der Online-Lieferdienste bietet Speisen und Lebensmittel an, aber auch Artikel wie Medikamente oder Bücher können mittlerweile auf diesem Weg bestellt werden. Die Konzentration der Unternehmen auf die Großstädte lässt sich damit begründen, dass diese über die nötige Infrastruktur verfügen, um die Produkte innerhalb kürzester Zeit an die Kunden zu liefern, was besonders bei frischen Lebensmitteln von großer Bedeutung ist.

Als Unternehmen, die die urbane Infrastruktur nutzen, um verteilte logistische Netzwerke aufzubauen, können Online-Lieferdienste gemäß Lyster als „space invaders"[21] bezeichnet werden. Dadurch, dass die Lagerung der Produkte nicht mehr an einen zentralen Punkt gebunden ist, sondern in mehreren über das Stadtgebiet verteilten Orten erfolgt, kann der Abstand zwischen Bestellung und Erhalt der Ware verkürzt werden. Die neue, fließende Lagerung, so Lyster, „is fragmenting into the architectural and urban fabric of the city"[22]. Doch nicht nur die Lagerhäuser, sondern auch die von den Unternehmen beauftragten Fahrer „kolonialisieren"[23] die Stadt, indem sie den öffentlichen Raum einnehmen. Letztendlich sorgen diese auf der Idee der *storage flows* basierenden logistischen Choreografien und Zirkulationsflüsse in ihrem Zusammenspiel dafür, dass der Rhythmus der Stadt mehr und mehr beschleunigt wird.

Um den logistischen *flow* zu optimieren, greifen manche Online-Lieferdienste auf Praktiken zurück, die sowohl bei den Mitarbeitern als auch bei Außenstehenden auf Kritik stoßen. So kündigte beispielsweise der Lebensmittel-Lieferdienst Gorillas im Sommer 2022 an, die Fahrer bei der Vergabe der Arbeitsschichten zu bevorzugen, die pro

---

[20] Zur *gig economy* siehe Deges, Frank: „Gig Economy", in: *Gabler Wirtschaftslexikon*, 08.05.2020, https://wirtschaftslexikon.gabler.de/definition/gig-economy-122673/version-378819, abgerufen am 29.09.2022.
[21] Lyster 2016, „Storage Flows".
[22] Ebd.
[23] Ebd. Wörtlich ins Deutsche übersetzt.

Stunde besonders viele Bestellungen ausfahren.[24] Entwürfe wie diese verdeutlichen erneut, wie sich der Fokus der Logistik von der Komponente des Raumes zu der der Zeit verschoben hat.

Online-Lieferdienste vertrauen auf logistische Choreografien (von griechisch *choreia*, „der Tanz" und *graphē*, „die Schrift"), um die fließenden Bewegungsabläufe ihrer Fahrer aufeinander abzustimmen. So muss, damit ein profitabler *storage flow* gewährleistet werden kann, nach Eingang der Bestellung die Ware umgehend einem Fahrer zur Verfügung gestellt werden. Diesen Prozess beschreibt eine Lagerarbeiterin des Online-Lieferdienstes Flink in einer Reportage passenderweise als „dancing for this and going for this"[25], was die Parallele zwischen Logistik und tänzerischer Bewegung noch einmal verstärkt. Nachdem der Fahrer die Ware erhalten hat, begibt er sich meist auf direktem Weg zu dem wartenden Kunden, welcher selbst Teil der logistischen Choreografie ist. Indem der Kunde die Tür öffnet und die Ware in Empfang nimmt, führt er die Bewegung aus, die es dem Fahrer ermöglicht, zum Lager zurückzukehren und sich in einen anderen, neuen Bewegungsablauf einzugliedern.

Die von den Online-Lieferdiensten beauftragten Fahrer – welche im Gegensatz zu Arbeitern in einer Fabrik den öffentlichen Raum nutzen und somit für jeden sichtbar sind – dynamisieren durch ihre choreografieähnlichen Bewegungen den urbanen Rhythmus. Da sich die Beteiligung des Kunden dabei lediglich auf den privaten Raum beschränkt, verliert dieser neue Rhythmus jedoch zeitgleich an Diversität. Der Trend, dass die Nahversorgung in der Stadt – also das Angebot an Waren und Dienstleistungen des täglichen Bedarfs im engeren Umfeld der Wohnung – durch Online-Lieferdienste ersetzt wird, sorgt indirekt dafür, dass auch andere Läden oder Restaurants deutlich weniger frequentiert werden.[26] Es findet insgesamt also weniger individuelle Bewegung im öffentlichen Raum statt – und auch die Idee des *sensory urbanism* verliert zunehmend an Bedeutung. Im Rahmen dessen stellt Lyster fest, dass die Stadt längst nicht mehr die einzige Einheit ist, die dem Menschen durch Waren und Dienstleistungen einen urbanen

---

[24] Rainer, Anton: „Lieferdienst Gorillas will langsame Fahrradkuriere schlechterstellen", in: *Der Spiegel*, 22.07.2022, https://www.spiegel.de/wirtschaft/unternehmen/gorillas-lieferdienst-will-langsame-fahrradkuriere-schlechterstellen-a-3ea73d20-48c9-4345-9c18-a7637f29733b, abgerufen am 05.10.2022.

[25] Kingston, Laura: *Ausgeliefert - Berlins neue Dienstboten* [Videoreportage], 07.05.2022, https://www.rbb-online.de/unserleben/reportagen/liefern-und-beliefert-werden---berlins-neue-dienstboten-.html, 00:12:47, abgerufen am 07.10.2022.

[26] Bernreuther, Angelus: „Die Rolle des Lebensmittelhandels für die Städte nach Corona", in: *Die Europäische Stadt nach Corona: Strategien für resiliente Städte und Immobilien*, hrsg. v. Tobias Just und Franziska Plößl, Wiesbaden: Springer Gabler 2021, S. 274-275.

Lebensstil ermöglicht. Für sie steht die Stadt in einem Wettbewerb mit der Logistik, welche den Bürgern einen völlig neuen öffentlichen und kulturellen Raum bereitstellt: „By allowing direct delivery of goods, logistics skip-stops the existing city to establish a new relationship between production and consumption."[27] Dabei verschiebt die Logistik die Grenzen zwischen innen und außen, beziehungsweise von öffentlichem und privatem Raum.[28] Bestellen wir über einen Online-Lieferdienst, ist es nicht mehr nötig, das Private zu verlassen. Wir begegnen den Fahrern an Übergangsräumen zwischen innen und außen – sei es die Türschwelle, der Garten, die Einfahrt oder das Foyer. Dabei findet im Gegensatz zum herkömmlichen Einkauf keine Vermischung statt; der Fahrer bleibt draußen und wir drinnen. Die Isolation von Menschen in ihrem privaten Raum, welche durch Online-Lieferdienste vorangetrieben wird, sorgt unter anderem dafür, dass die Aktivität auf der Straße – mit Ausnahme der unter Zeitdruck stehenden Lieferanten – abnimmt. Dieser Umstand resultiert wiederum darin, dass die Chancen zur analogen zwischenmenschlichen Interaktion abnehmen und die Stadt zunehmend distanzierter wird. Auch die kulturelle Vielfalt des urbanen Raumes könnte durch diese Entwicklung zurückgehen, werden Fußgänger doch als „vehicles of culture"[29] bezeichnet.

Die urbane Infrastruktur, auf welcher Echtzeitunternehmen ihre logistische Choreografie aufführen, ist vielerorts noch nicht auf die auf *storage flows* basierende Form der Logistik ausgelegt. Das wird zum Beispiel dann deutlich, wenn ein im Auftrag von Online-Lieferdiensten stehender Fahrer mit seinem Auto die rechte Fahrspur blockiert, um die vom Kunden bestellten Waren möglichst zeitsparend zuzustellen. Dadurch, dass die Choreografie der Logistik mit der der Stadt konkurriert, kommt der urbane Rhythmus ins Stocken. Lyster beschreibt diesbezüglich: „After all, on-demand-urbanism remains a highly unsustainable routine, as it increases activity (congestion and pollution) in urban environments that are ill-prepared to handle flow."[30]

Die logistischen Choreografien der Online-Lieferdienste unterliegen darüber hinaus soziodemografischen Faktoren. So beschränkt sich das Geschäftsgebiet der Unternehmen oft nur auf den Innenstadtbereich (in Berlin zum Beispiel auf das Gebiet innerhalb des S-Bahn-Rings), wo in der Regel hohe Mieten vorherrschen. Dies lässt sich dadurch erklären, dass die eng getakteten *storage flows* nur in Gegenden mit dichter Infrastruktur

---

[27] Lyster 2016, *Learning from Logistics*, S. 124.
[28] Ebd., S. 141.
[29] Demerath und Levinger 2003, S. 225.
[30] Lyster 2016, *Learning from Logistics*, S. 137.

und Bebauung gewährleistet werden können. Menschen, die außerhalb dieses Bereiches wohnen, werden somit von den fließenden logistischen Choreografien der Echtzeit-Lieferdienste ausgeschlossen.

4. Mediatisierte Rhythmen

Stadt und Medien stehen seit jeher in einem engen wechselseitigen Verhältnis: Ob Theater, Kino, Werbefläche, Opernhaus oder Bibliothek – der öffentliche urbane Raum ist gefüllt mit einer Vielzahl von medialen Orten, die fest im Rhythmus der Stadt verankert sind. Im Zuge des Informationszeitalters wird die Stadt kontinuierlich durch neue, digitale Medientechnologien erweitert. Ein bedeutender Meilenstein war dabei die Markteinführung des ersten Smartphones in den 1990er Jahren, welches sich insofern von ortsgebundenen Medien wie dem Radio- oder Fernsehgerät abgrenzte, als es in seiner Funktion als mobiles Metamedium den öffentlichen Raum für die Mediennutzung aufbrach.[31] Diese Entwicklung – „Mobile Medien werden zu Begleitern mobiler Menschen"[32] – bringt tradierte Praktiken urbanen Zusammenlebens durcheinander und lässt einen neuartigen, mediatisierten städtischen Rhythmus entstehen.

Wie Lyster feststellt, leben aufgrund der fortschreitenden Digitalisierung heute bereits zahlreiche Menschen in einer von Unmittelbarkeit geprägten Stadt, der sogenannten *instant city*.[33] Hier spielt vor allem das Smartphone eine entscheidende Rolle, da es mit seinen verschiedenen ortsunabhängigen Funktionen den Leuten eine bis dato unbekannte Spontanität ermöglicht. Der Kommunikationswissenschaftler Rich Ling beschreibt diese Entwicklung als die Befreiung von der „tyranny of schedule"[34], in deren Verlauf alte, etablierte soziale Rhythmen zusammenbrechen. Dieser Ansatz kann mit der Rhythmusanalyse von Lefebvre in Verbindung gebracht werden: Dadurch, dass mobile Medien die Spontanität und Autonomie im urbanen Raum erhöhen, sind die Stadtbewohner weniger an lineare (also von Menschen gemachte) Rhythmen gebunden.

---

[31] Siehe Höflich, Joachim R. und Maren Hartmann: „Grenzverschiebungen – Mobile Kommunikation im Spannungsfeld von öffentlichen und privaten Sphären", in: *MedienAlltag. Domestizierungsprozesse alter und neuer Medien*, hrsg. v. Jutta Röser, Wiesbaden: VS Verlag für Sozialwissenschaften 2007, S. 212-214.
[32] Höflich, Joachim R.: „Rhythmen und Medien der Stadt. Beobachtungen über den Gebrauch des Mobiltelefons", in: *Die mediatisierte Stadt. Kommunikative Figurationen des urbanen Zusammenlebens*, hrsg. v. Andreas Hepp, Sebastian Kubitschko und Inge Marszolek, Wiesbaden: Springer VS 2018, S. 140.
[33] Lyster 2016, *Learning from Logistics*, S. 119.
[34] Ling, Rich: *The Mobile Connection. The Cell Phone's Impact on Society*, Amsterdam: Elsevier 2004, S. 73.

Diesen neuen „space of flows"[35], wie Manuel Castells ihn bezeichnet, machen sich Unternehmen wirtschaftlich zunutze, indem sie Waren und Dienstleistungen, die bisher nur innerhalb der öffentlichen linearen Rhythmen zu bekommen waren, online unabhängig von Raum und Zeit anbieten. Auch wenn der Einzelhandel in Deutschland vergleichsweise gut ausgebaut ist und Einkaufen eigentlich als haptisches Erlebnis zählt, werden sich gemäß Paul Virilios *law of proximity* auch die Menschen den Online-Lieferdiensten beugen, die den Gang zum physischen Laden zuvor noch bevorzugten.[36] Diese Mediatisierung des städtischen Konsumverhaltens hat unter anderem Auswirkungen auf den Datenschutz, da bei der Nutzung von Online-Lieferdiensten ein im Vergleich zum analogen Einkauf enormer Informationsaustausch zwischen Unternehmen und Kunde stattfindet.

Logistik innerhalb der digital vernetzten *instant city* (auch *real time city* genannt) kann jedoch nicht nur für die Konsumenten, sondern auch für die von den Lieferdiensten beauftragen Fahrer Schattenseiten haben. So wird der Mensch, der die Ware an den Kunden liefert, bei der Nutzung von Online-Lieferdiensten auf eine per Smartphone-Druck bestellbare Dienstleistung reduziert. Dabei verfolgen einige Online-Lieferdienste die Standorte ihrer Fahrer mit Hilfe von GPS-Geräten auf die Sekunde genau, um ihre logistische Choreografie zu koordinieren. Diese Vorgehensweise, welche wiederholt als Überwachung kritisiert wird, endet nicht selten damit, dass die Ortungssysteme von den Fahrern abgeschaltet oder bewusst gestört werden.[37] Aber nicht nur Online-Lieferdienste beobachten die choreografischen Bewegungen der Fahrer; viele Echtzeitunternehmen bieten ihren Kunden selbst die Möglichkeit, den genauen Standort der bestellten Waren auf ihren Bildschirmen zu verfolgen. Die auf GPS basierende Tracking-and-Trace-Technologie ist dabei einerseits ein Mittel zur Überwachung, andererseits verstärkt sie die Parallele von Logistik und Tanz; durch die Beobachtung der einzelnen Bewegungen von einer „allsehenden Plattform" aus stellt sich die Logistik wie auf einer Bühne dar. Die Choreographin Susan Leigh Foster schreibt diesbezüglich:

„Die begleitende Technologie [...] vernetzt Körper über gigantische Distanzen hinweg, so dass sie miteinander kommunizieren können, während sie in Bewegung sind. Diese Technologien

---

[35] Castells, Manuel und Martin Ince: *Conversations with Manuel Castells*, Cambridge: Polity Press 2003, S. 56.

[36] Für Paul Virilios *law of proximity* siehe Virilio, Paul: *Open Sky*, übers. v. Julie Rose, London: Verso 1997, S. 50-52.

[37] Nitsche, Benjamin und Anna Figiel: *Zukunftstrends in der Lebensmittellogistik – Herausforderungen und Lösungsimpulse*, hrsg. v. Frank Straube, Berlin: Universitätsverlag der TU Berlin 2016, S. 44.

erschaffen neue Arten des öffentlichen Raumes und [...] liefern die Grundlage, auf der Körper miteinander verkehren und interagieren."[38]

Im Zuge der Mediatisierung städtischer Rhythmen hat sich die Auffassung von Urbanismus grundlegend verändert. Wie Lyster feststellt, leben die meisten Stadtmenschen mittlerweile im sogenannten *on-demand urbanism*, welcher von zeitlicher und örtlicher Unabhängigkeit geprägt ist.[39] Die Stadt selbst ist zu einem Kommunikationssystem geworden, das sich sowohl aus Informationstechnologien als auch aus physischen Räumen und harter Infrastruktur zusammensetzt. Das Smartphone – fester Teil unseres „fabric of everyday life"[40] – nimmt bei dieser Entwicklung eine Schlüsselrolle ein; es macht die Menschen zu „digitalen Flaneuren"[41], welche durch das digitale Stadtsystem spazieren und die schier unendliche Konsumfreiheit genießen. Da die neuartigen logistischen Netzwerke zum Teil riesige Bevölkerungsgruppen beherbergen, die durch die mediatisierten Rhythmen der Stadt verbunden sind, entwickelt sich der *on-demand urbanism* zunehmend zu einem weitläufigen kulturellen Infrastrukturraum. Auf der anderen Seite sterben physische Geschäfte mehr und mehr aus – die Stadt leert sich –, wodurch auch das Wesen der Arbeit in eine digitale Stufe übergeht. Als Kommunikationssystem bringt die Stadt dafür neuartige Bewegungen hervor – mediatisierte Choreographien „we are entangled with whether we want to or not."[42]

Wie genau sich die Mediatisierung der urbanen Rhythmen letztendlich auf die physische Beschaffenheit der Stadt auswirken wird, ist fraglich. Fakt ist, dass die stetig voranschreitende Digitalisierung auch in Zukunft Technologien hervorbringen wird, welche die Nutzung des öffentlichen Raumes als Ort des Konsums obsolet machen werden. Das Sortiment von Online-Lieferdiensten beschränkt sich schon jetzt nicht mehr nur auf Lebensmittel, Bücher und Medikamente; Unternehmen wie das Münchner Start-Up Arive bieten in ihren „Cloudstores" die Express-Lieferung von diversen Artikeln, darunter Kleidung und Kosmetik, an. Geworben wird auch hier mit Flexibilität und Einfachheit; so heißt es auf der Website von Arive: „Our mission is to enrich your life with the

---

[38] Foster, Susan Leigh: „Das Handy als Bühne – die Stadt als Tanz. Performance in der transnationalen Metropole", in: *Tanz, Metropole, Provinz*, übers. und hrsg. v. Yvonne Hardt und Kirsten Maar, Hamburg: Lit 2007, S. 230.

[39] Lyster 2016, *Learning from Logistics*, S. 119.

[40] Weiser, Mark: „The Computer for the 21st Century", in: *Scientific American*, Band 265, Heft 3 (1991), S. 94, https://www.lri.fr/~mbl/Stanford/CS477/papers/Weiser-SciAm.pdf, abgerufen am 28.10.2022.

[41] Lyster 2016, *Learning from Logistics*, S. 119. Wörtlich ins Deutsche übersetzt.

[42] Frischkorn 2019, 127

most elevated and effortless shopping experience.“[43] Die vermeintliche Unmittelbarkeit des Kaufvorgangs – die direkte Lieferung einer Ware binnen weniger Minuten, unabhängig von Zeit und Ort – ist für viele Menschen ein Grund, auf virtuelle Läden umzusteigen. Lyster stellt jedoch fest, dass ein Großteil der Stadtbewohner, die Online-Lieferdienste nutzen, nicht weiß, was sich hinter dem Bestellbutton für logistische Abläufe verbergen. Sie sind „black boxed“[44] – das heißt, sie folgen wie Sklaven einem kapitalistischen Regime, über dessen Funktionsweise sie so gut wie keine Kenntnis haben.

Im Zuge der Mediatisierung der Stadt setzen Online-Lieferdienste ständig auf neue Technologien, um ihre logistischen Abläufe so fließend wie möglich zu gestalten. 2016 kündigte der Online-Essenslieferdienst Just East (im deutschen Raum unter dem Namen Lieferando aktiv) beispielsweise an, in London selbstfahrende Roboter für die Auslieferung von Mahlzeiten testen zu wollen.[45] Diese Form der Logistik impliziert, dass die menschliche Interaktion – die bei der Nutzung von Online-Lieferdiensten ohnehin auf die kurze Begegnung zwischen Fahrer und Kunde beschränkt ist – auf Null reduziert wird. Dennoch prognostiziert Lyster, dass sich derartige Technologien und Prozesse in der Logistik der Zukunft durchsetzen werden.[46] Das lässt sich einerseits damit begründen, dass das ständige Ziel der Lieferdienste darin besteht, die *storage flows* durch die Minimierung des raumzeitlichen Spalts zwischen Angebot und Konsum zu optimieren. Andererseits soll der Kaufprozess auch auf der Verbraucherseite immer weiter vereinfacht werden; so schrieb Paul Virilio schon Ende der 1990er-Jahre:

> „To reduce, to eliminate the range of action to the point of introducing a machine, a tool of instantaneous communication, into the human body's very guts poses awesome questions about the new technological environment, the postindustrial ,technosphere'.“[47]

5. Schluss

Das Leben in der Stadt ist sowohl durch zyklische, von der Natur bestimmte Rhythmen als auch durch lineare, vom Menschen geschaffene Rhythmen geprägt. Die täglichen Bewegungen der Menschen innerhalb der Rhythmen – ob privat oder öffentlich, individuell oder gemeinsam mit anderen – fügen sich dabei durch ihre tänzerische Dynamik

---

[43] Arive [Website], https://www.getarive.com/, abgerufen am 02.11.2022.

[44] Lyster 2016, *Learning from Logistics*, S. 117.

[45] „Takeaway app Just Eat to test delivery robots", in: *BBC*, 06.07.2016, https://www.bbc.com/news/technology-36723089, abgerufen am 02.11.2022.

[46] Lyster 2016, „Storage Flows".

[47] Virilio 1997, S. 51.

zu einer urbanen Choreografie zusammen. Online-Lieferdienste, die sich mobiler, digitaler Medientechnologien bedienen, um Waren möglichst schnell und unabhängig von Zeit und Ort zustellen zu können, sorgen zunehmend dafür, dass sich das städtische Konsumverhalten von den linearen Rhythmen abkoppelt. Die Stadt entwickelt sich im Zuge dessen zu einer *instant city*, deren öffentlicher Raum zwar eine hohe Anzahl von Zulieferern, jedoch nur wenige Passanten aufweist. Die Motivation der Echtzeitunternehmen liegt darin, den Spalt zwischen Bestellung und Erhalt der Ware mit Hilfe von logistischen *storage flows* auf ein Minimum zu reduzieren – was die Kunden letztendlich zu mehr Konsum anregen soll. Oft ist die städtische Infrastruktur jedoch noch nicht vollständig auf diese neue, fließende Form der Logistik ausgelegt, weshalb sowohl die logistische als auch die urbane Choreografie ins Stocken geraten kann. Darüber hinaus bleibt es fraglich, ob die utopische Vorstellung von vollständig umwelt- und menschenfreundlichen logistischen *storage flows* in der Zukunft erreichbar ist. So stellt sich das Verhältnis zwischen Online-Lieferdiensten und Fahrern bereits jetzt schon aufgrund von hoher Arbeitsbelastung sowie digitaler Überwachung oft als angespannt dar.

Zusammenfassend lässt sich sagen, dass die Stadt heute von einer neuen Form des Rhythmus geprägt ist, einem mediatisierten Rhythmus. Dieser besteht, in den Worten von Castells, aus einem „network of places that are connected around one common, simultaneous social practice via […] electronic circuits and their ancillary systems."[48]

---

[48] Castells und Ince 2003, S. 56.

Literaturverzeichnis

Arive [Website], https://www.getarive.com/, abgerufen am 02.11.2022.

Bernreuther, Angelus: „Die Rolle des Lebensmittelhandels für die Städte nach Corona", in: *Die Europäische Stadt nach Corona: Strategien für resiliente Städte und Immobilien*, hrsg. v. Tobias Just und Franziska Plößl, Wiesbaden: Springer Gabler 2021.

Bollnow, Otto Friedrich: *Mensch und Raum*, 6. Auflage, Stuttgart: Kohlhammer 1990 [1963].

Castells, Manuel und Martin Ince: *Conversations with Manuel Castells*, Cambridge: Polity Press 2003.

Certeau, Michel de: *Kunst des Handelns*, übers. v. Ronald Voullié, Berlin: Merve 1988.

Deges, Frank: „Gig Economy", in: *Gabler Wirtschaftslexikon*, 08.05.2020, https://wirtschaftslexikon.gabler.de/definition/gig-economy-122673/version-378819, abgerufen am 29.09.2022.

Demerath, Loren und David Levinger: „The Social Qualities of Being on Foot: A Theoretical Analysis of Pedestrian Activity, Community, and Culture", in: *City & Community*, Band 2, Heft 3 (2003), https://journals.sagepub.com/doi/10.1111/1540-6040.00052, abgerufen am 22.08.2022.

„Expanded Choreography", in: *e-flux*, 14.03.2012, https://www.e-flux.com/announcements/34425/expanded-choreography/, abgerufen am 13.08.2022.

Frischkorn, Moritz: „Expanded Choreography between Logistics and Entanglement", in: *Tanz der Dinge/Things that dance*, hrsg. v. Johannes Birringer und Josephine Fenger, Bielefeld: Transcript 2019.

Frischkorn, Moritz: „What is Choreologistics?", in: *Choreologistics*, 24.04.2017, https://choreologistics.com/2017/04/24/what-is-choreologistics-1/, abgerufen am 17.08.2022.

Foster, Susan Leigh: „Das Handy als Bühne – die Stadt als Tanz. Performance in der transnationalen Metropole", in: *Tanz, Metropole, Provinz*, übers. und hrsg. v. Yvonne Hardt und Kirsten Maar, Hamburg: Lit 2007.

Gregory-Jones, Luke: „Dancing in the Streets: How choreography and engineering can help urban mobility", in: *Theatrum Mundi*, 14.08.2018, https://theatrum-mundi.org/library/dancing-in-the-streets/, abgerufen am 24.08.2022.

Hall, Edward T.: *Beyond Culture*, New York: Doubleday 1976.

Hausknotz, Florentina: *Stadt denken. Über die Praxis der Freiheit im urbanen Zeitalter*, Bielefeld: Transcript 2011.

Höflich, Joachim R.: „Rhythmen und Medien der Stadt. Beobachtungen über den Gebrauch des Mobiltelefons", in: *Die mediatisierte Stadt. Kommunikative Figurationen
des urbanen Zusammenlebens*, hrsg. v. Andreas Hepp, Sebastian Kubitschko und
Inge Marszolek, Wiesbaden: Springer VS 2018.

Höflich, Joachim R. und Maren Hartmann: „Grenzverschiebungen – Mobile Kommuni-
kation im Spannungsfeld von öffentlichen und privaten Sphären", in: *MedienAlltag.
Domestizierungsprozesse alter und neuer Medien*, hrsg. v. Jutta Röser, Wiesbaden:
VS Verlag für Sozialwissenschaften 2007.

Kingston, Laura: *Ausgeliefert - Berlins neue Dienstboten* [Videoreportage], 07.05.2022,
https://www.rbb-online.de/unserleben/reportagen/liefern-und-beliefert-werden---ber-
lins-neue-dienstboten-.html, abgerufen am 07.10.2022.

Lefebvre, Henri und Catherine Régulier: „Attempt at the Rhythmanalysis of Mediterranean Cities", in: *Rhythmanalysis: Space, Time and Everyday Life*, übers. und hrsg. v.
Stuart Elden und Gerald Moore, London: Continuum 2004.

Lefebvre, Henri: *Writings on Cities*, übers. v. Eleonore Kofman und Elizabeth Lebas,
Oxford: Blackwell 1996.

Ling, Rich: *The Mobile Connection. The Cell Phone's Impact on Society*, Amsterdam:
Elsevier 2004.

Lyster, Clare: *Learning from Logistics: How Networks Change Our Cities*, Basel: Birkhäuser 2016.

Lyster, Clare: „Storage Flows: Logistics as Urban Choreography", in: *Harvard Design
Magazine*, Heft 43 (2016), https://www.harvarddesignmagazine.org/issues/43/stora-
ge-flows-logistics-as-urban-choreography, abgerufen am 27.09.2022.

Matos, Filipa: „Walking & Rhythmicity: Sensing Urban Space", Konferenzpapier im
Rahmen der *6th International Conference on Walking in the 21st Century*, Zürich,
22.-23.09.2005, https://citeseerx.ist.psu.edu/viewdoc/download?
doi=10.1.1.580.8526&rep=rep1&type=pdf, abgerufen am 22.08.2022.

Nitsche, Benjamin und Anna Figiel: *Zukunftstrends in der Lebensmittellogistik – Herausforderungen und Lösungsimpulse*, hrsg. v. Frank Straube, Berlin: Universitätsverlag der TU Berlin 2016.

Perez, Victoria: „Die choreografierte Stadt in der filmisch manipulierten Bewegung", in:
Tanz, Metropole, Provinz, hrsg. v. Yvonne Hardt und Kirsten Maar, Hamburg: Lit
2007.

Rainer, Anton: „Lieferdienst Gorillas will langsame Fahrradkuriere schlechterstellen",
in: *Der Spiegel*, 22.07.2022, https://www.spiegel.de/wirtschaft/unternehmen/gorillas-
lieferdienst-will-langsame-fahrradkuriere-schlechterstellen-
a-3ea73d20-48c9-4345-9c18-a7637f29733b, abgerufen am 05.10.2022.

Rolshoven, Johanna: „Übergänge und Zwischenräume. Eine Phänomenologie von Stadtraum und ‚sozialer Bewegung'", in: *Kulturwissenschaftliche Stadtforschung: Eine Bestandsaufnahme*, hrsg. v. Waltraud Kokot, Thomas Hengartner und Kathrin Wildner, Berlin: Dietrich Reimer 2000.

Simmel, Georg: *Die Großstädte und das Geistesleben*, Frankfurt am Main: Suhrkamp 2006.

„Takeaway app Just Eat to test delivery robots", in: *BBC*, 06.07.2016, https://www.bbc.com/news/technology-36723089, abgerufen am 02.11.2022.

Virilio, Paul: *Fahren, fahren, fahren...*, übers. v. Ulrich Raulff, Berlin: Merve 1978.

Virilio, Paul: *Open Sky*, übers. v. Julie Rose, London: Verso 1997.

Weiser, Mark: „The Computer for the 21st Century", in: *Scientific American*, Band 265, Heft 3 (1991), https://www.lri.fr/~mbl/Stanford/CS477/papers/Weiser-SciAm.pdf, abgerufen am 28.10.2022.